SUPPLÉMENT

AU CATALOGUE

DES TABLEAUX,

Aquarelles, Lapis et Dessins

DE LA COLLECTION DE M. RÉNÉ BEAUBŒUF.

Imprimerie de Ch. DEZAUCHE, faub. Montmartre, n. 4.

AVIS.

Depuis la publication du Catalogue des tableaux, lavis et dessins qui composent ma Collection, j'ai fait de nouvelles acquisitions qui m'ont mis à même de livrer à l'impression une Notice supplémentaire qui va suivre, et dans laquelle on remarquera beaucoup de modèles capitaux des Maîtres les plus distingués de notre École moderne. J'ai dû répondre à la confiance dont m'honorent les Artistes et les Amateurs par un choix de tableaux et de lavis dignes de leur être présentés, soit à titre de location pour en faire un but d'étude, soit comme objet d'art pour orner leurs cabinets.

Je profite de cette occasion pour rappeler à MM. les Artistes, Amateurs et Élèves, que ma maison est toujours assortie : 1°. de tous les objets nécessaires aux différens genres de peinture, au lavis des plans, à l'aquarelle, à la miniature, à la gouache, au dessin, etc. ,etc. ;

2°. De tous les articles de Papeterie pour les bureaux et pour les dames.

3°. De cadres et de bordures pour tableaux, gravures, miniatures et lavis.

4°. Et d'un joli choix d'objets de nouveautés,

[illegible]

[illegible]

[illegible]

[illegible]

[illegible]

pour cadeaux de fête, d'étrennes, etc.; tels que écrans, nécessaires, pelottes, boîtes enjolivées, cartonnages, jeux de société, etc., etc.

J'ose espérer qu'en apportant le même zèle, les mêmes soins, une grande exactitude dans la confection, et la livraison des objets qui me sont confiés et de ceux que je fournis, je conserverai la confiance que le public a bien voulu m'accorder jusqu'ici. Ce sera toujours le but de mes efforts et l'objet de tous mes vœux.

RÉNÉ BEAUBOEUF.

ABRÉVIATIONS.

Tab	Tableau.
Aq	Aquarelle.
Sep	Sépia.
Dess	Dessin.
Fig	Figure.
Arch	Architecture.
Pay	Paysage.
Mar	Marine.
T	Toile.
An	Animaux.

Description.

A

M. ATOCHE.

162. *Site de l'Helvétie.*

Site de la Suisse, baigné par une rivière et flanqué vers la droite de montagnes couvertes de végétation. Un couple amoureux assis sur l'herbe occupe le premier plan.

Aq. — Pay. — 4 — 2 = 6 — 6.

B

M. BEAUME.

163. *Repos villageois.*

Une paysanne, qui revient des champs, porte sur son dos un jeune enfant. Elle s'assied sur une roche couverte de mousse et se baigne les pieds dans une mare qui sert d'abreuvoir à son chien.

Tab. — Fig. — T. — 17 = 14.

164. *Les adieux du Conscrit.*

Près de partir pour l'armée avec quelques recrues villageoises qu'on aperçoit dans l'éloignement, un conscrit, le sac sur le dos, fait de tendres adieux à l'objet de ses affections qui, suspendu à son col, semble ne pas vouloir s'en séparer.

Tab. — Fig. — T. — 17 = 14.

165 *Le Puits.*

Une villageoise et un petit garçon de ferme, viennent prendre de l'eau à un puits rustique qui sert également de fontaine et qui est situé sur le bord d'un fleuve.

Aq. — Fig. et Pay. — 7 — 4 = 6 — 4.

166. *La Fontaine.*

Une servante et un garçon de ferme viennent prendre de l'eau à une fontaine adossée à des bâtimens rustiques.

Aq. — fig. — 7 — 5 = 6 — 3.

167. *Une plage.*

Des matelots, réunis sur une plage, conversent auprès de leurs barques. L'un d'eux, adossé contre un mur d'appui, cause avec sa ménagère qui tient un enfant sur ses genoux.

Sep. — Fig. — 6 — 10 = 9.

168. *Un port.*

Grande plage sablonneuse au bord de la mer, sous un ciel nuageux. Un pêcheur arrêté sur le premier plan, cause avec une marchande de marée. On remarque plus loin un groupe de gens du port.

Sep. — Fig. et Mar. — 6 = 10.

169. *Petite rivière.*

Une jeune villageoise agenouillée au bord d'une petite ri—

vière , auprès de l'arche d'un grand pont de pierre , y lave du linge qu'elle va frapper de son battoir, lorsqu'un paysan voyageur lui adresse la parole ; elle se retourne pour lui répondre.

Sep. — Fig. et Pay. — 7 — 1 = 8 — 7.

170. *La Tricoteuse.*

Une paysanne, assise sur un panier renversé, tricote sur une terrasse près de ses deux enfans.

Sep. — Fig. — 8 = 6 — 4.

171. *Le Chasseur.*

Un chasseur dans un marais s'apprête à mettre en joue le gibier que son chien se dispose à courir.

Sep. — Fig. et Pay. — 7 = 6.

172. *Eglise de campagne.*

Intérieur d'une église de campagne. Une bonne vieille villageoise, assise au pied d'un pilier principal, y dit son chapelet ; on distingue plus loin des fidèles dans le recueillement.

Sep. — Fig. — 7 — 4 = 5 — 9.

M. BELLANGÉ.

173. *Retour du soldat.*

Un vieux troupier décoré et de retour au village , demande des renseignemens sur le foyer paternel à une paysanne qu'il rencontre dans les champs.

Aq. — Fig. — 9 = 7 — 6.

(8)

174. *Chemin de l'Église.*

Un vieux paysan aveugle est conduit à la messe par son fils qui s'est chargé du parapluie et du livre d'église ; tous deux sont endimanchés et se dirigent lentement vers le temple qu'on aperçoit à quelque distance.

Aq. — Fig. — 7 — 2 = 5 — 9.

175. *Départ du Conscrit.*

Dans un chemin villageois et près d'un buisson, une villageoise en pleurs s'est arrêtée devant son amoureux qui, le sac sur le dos, va partir pour l'armée avec quelques recrues qu'on aperçoit au lointain. L'amant serre la main de son objet, et cherche à le consoler par l'expression du geste et du langage.

Aq. — Fig. — 5 — 9 = 4 — 6.

176. *Le Vieux Troupier.*

Un vieux grenadier, arrêté sur une verte pelouse, à l'entrée d'un village, a pris dans ses bras un jeune enfant qui joue avec la pipe qu'il tient à sa bouche : un petit garçon les regarde.

Aq. — Fig. — 6 = 5.

M. BRUNE.

177. *L'Ermitage du Torrent.*

Un torrent se précipite du milieu d'une gorge de montagnes et passe sous un grand pont de pierre d'une seule arche, et conduisant à un ermitage bâti dans la vallée.

Sep. — Pay. — 9 — 9 = 7. — 6.

— . **C** . —

M. CHARLET.

178. *Le Polichinel.*

Une vieille grand'maman assise dans son fauteuil tient sur ses genoux un enfant à qui elle vient de donner un polichinel.

$$Aq. - Fig. - 5 - 3 = 4 - 2.$$

M. CICÉRI.

179. *Les Fagots.*

Les ruines d'un monument gothique répandues sur une vaste pelouse servent de bâtimens à une ferme à la porte de laquelle se repose un pauvre. Des enfans sont assis sur l'herbe près d'un tas de fagots jetés au pied d'un arbre parmi des ustensiles champêtres.

$$Aq. - Pay. - 7 - 3 = 9 - 8.$$

180. *Un Village.*

Entrée d'un hameau à l'issue d'un petit bois. Des paysans arrêtés sur le seuil de leur chaumière portent leurs regards sur un chemin sablonneux et tournant qui se perd au loin.

$$Aq. - Pay. - 7 = 9 - 6.$$

181. *Une Tuilerie.*

Vue de la cour d'une fabrique de tuiles prise près Baville.

$$Aq. - Pay. - 7 - 10 = 10.$$

182. *Rue Villageoise.*

Une ruelle de village prise aux environs de Paris. Des paysans sont assis près du mur d'une maison. Divers bouquets d'arbres d'une belle végétation ombragent les toits rustiques.

$$Aq. - Pay. - 7 = 9 - 6.$$

183. *Le gros Chataignier.*

Vue d'une pelouse derrière les murs extérieurs d'une ferme où s'élève un chataignier touffu. Un coq et deux poules y cherchent leur nourriture.

$$Aq. - Pay. - 7 - 6 = 10 - 4.$$

184. *Le Temple.*

Entrée d'un temple catholique s'annonçant par une grande galerie que parcourt un prêtre. Une femme assise sur les marches se dispose à allaiter un enfant. Un jeune garçon est couché à ses pieds. On aperçoit à droite l'entrée des jardins attenant aux bâtimens.

$$Aq. - Arch. - 8 - 5 = 6 - 7.$$

M. COIGNET.

185. *Les Canards.*

Mare entourée de Roseaux où nagent des canards.

$$Tab. - Fig. \ d'An. - 9 = 12.$$

186. — *Une Clairière.*

Intérieur d'un bois baigné par une mare sur le bord d'une clairière que parcourent des villageois en sens divers.

$$Tab. - Pay. - T. - 14 = 17.$$

187. *Environs de Grenoble.*

Site Dauphinois baigné par une rivière qui passe sous un pont de pierre et poursuit son cours au pied de hautes montagnes boisées et ornées d'habitations. Un paysan attend trois vaches qui s'abreuvent.

$$Tab. - Pay. - T. - 12 = 15.$$

188. *Les Toits rustiques.*

Quelques habitations rustiques bordent un chemin tournant ombragé par quelques arbres et dominé par une montagne surmontée de constructions en ruines.

$$Aq. - Pay. - 4 - 6 = 6.$$

189. *Le Rocher suisse.*

Site montueux de la Suisse. Une montée rapide à l'aspect d'un châlet conduit à un petit bois et est flanquée d'un grand rocher. Une jeune villageoise s'y repose auprès d'un fagot qu'elle vient de faire.

$$Aq. - Pay. - 5 - 10 = 8.$$

190. *Vaches.*

Pleine campagne bornée à l'horizon par une montagne à pic et éclairée au soleil couchant. Un troupeau de vaches gardé par deux pâtres y paît et s'y abreuve.

$$Aq. - Pay. - 5 - 9 = 8.$$

191. *Les Vestiges.*

Ruines d'un vieux château entourées de plaines et au pied desquelles paissent deux vaches gardées par un jeune pâtre.

$$Aq. - Pay. - 8 = 10 - 6.$$

192. *Campagne italienne.*

Riche campagne d'Italie arrosée par un lac sur lequel vogue une barque mâtée. A gauche, sur un chemin sablonneux, un groupe de voyageurs y fait halte.

$$Aq. - Pay. - 8 = 10 - 6.$$

193. *Les Deux Moines.*

Éminence de terrain supportant un vieil ermitage habité par des moines. Deux religieux qui en sont sortis sont assis à l'ombre d'une touffe d'arbres.

$$Aq. - Pay. - 5 - 6 = 8.$$

194. *Vue générale.*

Site d'Italie disposé en vue générale et coupé par un ravin qu'un grand pont traverse et qui conduit à quelques habitations ; deux villageois se reposent à l'ombre d'un pin.

$$Aq. - Pay. - 6 - = 8.$$

195. *Les Villageoises.*

Une rivière baigne les bords d'un site riant orné de quelques maisonnettes ombragées par des touffes d'arbres. Des jeunes filles agenouillées sur le rivage s'occupent à laver du linge en vue de quelques barques amarrées.

$$Aq. - Pay. - 5 = 8 - 3.$$

196. *Les Palmiers.*

Une construction italienne s'élève sur un monticule. Elle est ornée de quelques palmiers plantés devant elle.

$$Aq. - Pay, - 3 - 7 = 4 - 8.$$

197. *Le Roc boisé.*

Sur le bord d'un ravin, à l'aspect de plusieurs plaines couvertes de végétations, s'élève un gros rocher planté d'arbustes; un couple villageois assis à quelques pas se repose des fatigues du travail.

$$Aq. - Pay. - 6 = 8.$$

198. *Tormines.*

Ruines du théâtre de Tormines dans le royaume de Naples.

$$Aq. - Pay. - 5 - 9 = 8.$$

199. *Le Pont aux Vaches.*

Site désert traversé par un grand pont de pierre que passent plusieurs vaches guidées par un pâtre. Un arbuste en fleurs orne les bords d'un ruisseau qui coule parmi des rocailles.

$$Aq. - Pay. - 5 - 10 = 8.$$

200. *La Tour quarrée.*

Une tour quarrée s'élève sur un îlot attenant à une grande plage sur le bord de la mer. Des matelots tirent à eux des cordages qui retiennent sans doute le filet qu'ils ont jeté. La mer s'étend au loin sur un ciel pur.

$$Aq. - Mar. - 4 - 6 = 6.$$

201. *Solitude italienne.*

Vue d'un site italien à l'entrée d'une forêt bordée par les eaux d'un lac sur le quel vogue une nacelle. Un couple villageois converse sur un chemin boisé. De hautes montagnes voilent l'horizon d'un ciel clair.

$$Aq. - Pay. - 8 = 10 - 6.$$

202. *L'Église du Hameau.*

Chemin tournant au bord duquel s'élèvent les bâtimens d'une église de campagne. Un paysan et une villageoise conversent à la porte du cimetière.

Aq. — *Pay.* — 7 — 6 = 5 — 9.

203. *Une gorge de montagnes.*

Des rochers a pic bordent un chemin aride et pierreux pratiqué dans une chaine de montagnes. Un couple villageois s'y repose.

Aq. — *Pay.* — 6 = 4 — 6.

204. *Le Monastère.*

Site d'Italie au milieu d'une chaine de montagnes où s'élève un monastère. Des religieux dont l'un s'est assis sur l'herbe y conversent.

Aq. — *Pay.* — 6 = 8.

205. *Le Pont rustique.*

Vue d'une campagne aride flanquée de rochers couverts de végétations et bordant un chemin sablonneux conduisant à un vieux pont de planches jeté sur un ruisseau. Un pâtre y guide ses bestiaux.

Aq. — *Pay.* — 6 = 8.

206. *Le Petit Aquéduc.*

Sur le bord d'une rivière qui vient former bassin sur le premier plan, s'élève un petit aquéduc servant d'habitation et construit devant les murs du parc.

Dessin. — *Pay.* — 5 — 6 = 8.

——•D•——

M. DORCHVILLERS.

207. *Le Chemin de la plaine.*

Chemin creux entre un coteau rocailleux et un tertre planté d'arbres. Il conduit a des plaines immenses bornées par des montagnes. Un paysan s'y achemine avec un paquet au bout d'un bâton.

Sep. — Pay. — 5 — 7 = 8.

208. *Le Ruisseau.*

Site villageois orné de maisonnettes ombragées par des touffes d'arbres qui garnissent les bords d'un ruisseau tournant. Des montagnes voilent l'horizon.

Sep. — Pay. — 5 — 6 = 8.

——•F•——

M. FIELDING. (NEWTON)

209. *Le Renard.*

Un renard vient de prendre une perdrix sur la lisière d'un bois; il fuit avec sa proie dans un fourré où il va la dévorer.

Aq. — Pay. — 5 = 7.

210. *Chien courant.*

Un chien de chasse sort en courant d'un épais taillis qui

aboutit au chemin sabloneux conduisant au village voisin dont on aperçoit les premières habitations et la flèche du clocher.

Aq. — Pay. — 5 = 8.

211. *Les deux Chiens.*

Intérieur d'une écurie où son enfermés deux chiens de chasse. L'un repose sur la paille et l'autre s'approche d'un plat pour y boire.

Aq. — Fig. d'An. — 5 = 7.

212. *Le Chien blanc.*

Un chien en chasse cherchant le gibier dans un taillis.

Aq. — Pay. — 5 = 7.

213. *Le Cerf aux abois.*

Un grand cerf poursuivi de près par une meute se jette dans une mare au milieu d'une forêt.

Aq. — Pay. — 5 = 7.

214. *Chasse écossaise.*

Une chasse dans les plaines d'Écosse. Un villageois menant un cheval chargé à la ville, s'arrête sur le bord de la plaine et s'y assied.

Ap. — Pay. et Fig. d'An. — 4 — 10 = 6 — 10.

215. *Les Canards.*

Étude de canards au bord d'une rivière bordée de roseaux.

Aq. — 5 = 7.

M. FLEURY.

216. *Le Solitaire.*

Un vieux solitaire appuyé contre un rocher se repose des fatigues d'une longue route. Une croix rouge est placée sur son vêtement austère. Près de lui est un bâton surmonté d'une petite croix de fer, et plus loin, sur un piédestal, s'élève la statue du fondateur de son ordre qu'il avait fait vœu de visiter.

Aq. — *Fig.* — 6 — 8 = 5 — 3.

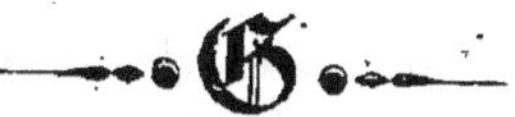

M. GUDIN. (Th.)

217. *La Bourrasque.*

Pleine mer par un temps de bourrasque, où des barques tourmentées par les vagues luttent contre elles et cherchent à gagner la côte. On distingue au loin, à droite, un vaisseau à pleine voile battu par les vents.

Tab. — *Mar.* — *T.* — 12 = 17.

M. GUET.

218. *Site des Pyrénées.*

Une jeune paysanne file au fuseau tandis que son mari pêche à la ligne au bord d'un torrent dans les Pyrénées.

Aq. — *Fig. et Pay.* — 6 = 5 — 6.

2

219. *Le Petit Glaneur.*

Un petit paysan porteur d'une faucille vient de glaner une gerbe qu'il tient sous son bras. Il s'arrête devant un vieux moissonneur qui l'interroge.

Sep. — Pay. — 6 = 5.

HAUDEBOURT-LESCOT. (Mme.)

220. *La Pourvoyeuse.*

Un solitaire assis devant son ermitage est distrait de ses méditations par une jeune paysanne italienne qui vient lui offrir des fruits.

Tab. — Fig. — T. — 15 = 12.

221. *Le Souvenir.*

Dans une campagne d'Italie, un jeune villageois assis sur un tertre auprès d'un buisson, reçoit de sa maîtresse un souvenir qu'elle lui attache au col.

Tab. — Fig. — T. — 17 = 14.

M. HUBERT.

222. *Une Fabrique.*

Fabrique dans une gorge de montagnes et flanquée d'un tertre couvert d'arbustes. Un paysan accompagné d'un enfant chemine.

Aq. — Pay. — 9 = 11 — 9.

223. *Site boisé.*

Site montueux et boisé au milieu duquel s'élève un habitation entourée de massifs d'arbres et de haies. Un chariot contenant plusieurs personnes, parcourt un chemin tortueux et est près de disparaître à la vue.

$$Aq. - Pay. - 7 = 11.$$

224. *Issue d'un Bois.*

Habitations champêtres isolées à la sortie d'un bois. Deux paysans debout devant leur porte y conversent.

$$Aq. - Pay. - 6 - 10 = 11.$$

225. *Le grand Rocher.*

Deux maisons élevées sur une pelouse annoncent l'entrée d'un hameau dominé par de hautes montagnes. Un grand rocher situé vers la droite monte à pic au-dessus d'une mare d'eau pluviale.

$$Sep. - Pay. - 7 - 3 = 11.$$

226. *Le Hameau du Val.*

Premières maisons d'un village situé dans une vallée au pied de hautes montagnes. Une vieille femme assise sur l'herbe est accompagnée d'un enfant.

$$Sep. - Pay. - 7 - 9 = 10 - 2.$$

227. *Le Hangard.*

Site désert arrosé par une rivière à laquelle aboutit un ruisseau. Un pont de bois situé vers la gauche aboutit à un hangard couvert en planches sous lequel est une scierie où travaillent deux ouvriers.

$$Sep. - Pay. - 9 - 9 = 12 - 3.$$

228. *Site forestier.*

Issue d'une forêt entourée de murs sur un terrain pierreux couvert de plantes et de broussailles. Un villageois y converse avec un garde routier.

Sep.— Pay. — 8 — 6 = 10 — 9.

229. *Site désert.*

Au milieu d'un site âpre, rocailleux et désert baigné par une mare d'eau pluviale, s'élèvent deux vieux chênes qui prennent racine parmi des rochers et des broussailles.

Sep. — Pay. — 9 — 3 = 12 — 3.

230. *Les Carriers.*

Terrain montueux hérissé de buissons et de rocs où des carriers portent le marteau et font des excavations.

Sep. — Pay. — 8 — 7 = 11 — 2.

231. *Le Regard.*

Petit regard d'un aquéduc ombragé par un massif d'arbres et couvert en planches.

Dessin mine de plomb. — Pay. — 7 — 2 = 6 — 8.

J.

M. JOLY.

232. *Les Glaciers.*

Site pittoresque pris dans les montages de la Suisse et dominé par d'immenses glaciers. Des rochers à pic couverts de

sapins entourent un torrent dont l'eau vient retomber en cas-
cades sur le premier plan. On distingue quelques figures de
villageois au milieu des chemins escarpés et tortueux prati-
qués dans les asperités de rocs.

$$Sep. — Pay. — 8 = 11.$$

233. *Chemin Forestier.*

Chemin forestier au milieu d'une clairière qu'un cerf parcourt.

$$Des. — Pay. — 8 — 6 = 11.$$

234. *La Mare aux Canards.*

Cabane rustique au milieu d'un fourré épais baigné par une
grande mare d'eau pluviale où se promènent des canards.

$$Dessin. — Pay. — 8 = 10.$$

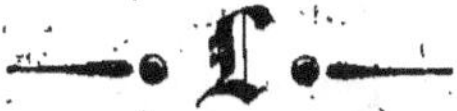

M. LAPITO.

235. *Vallée d'Obershasle.*

Riche vallée suisse baignée par divers ruisseaux alimentés
par des sources qui descendent de hautes montagnes entre les-
quelles on distingue un glacier ; les premiers plans sont or-
nés d'un groupe de châlets flanqués d'arbustes.

$$Tab. — Pay. — T. — 9 — 6 = 15.$$

M. LECOMTE. (H^e.)

236. *La Chasse au Marais.*

Des jeunes gens au milieu d'un marais baigné par une petite rivière se livrent au plaisir de la chasse. L'un d'eux, dans un batelet au milieu des roseaux, charge son fusil, tandis que son chien s'élance à la nage.

Aq. — Pay. et Fig. — 4 — 10 = 6 — 4.

237. *Le Message.*

Sur la terrasse d'une habitation gothique, un vieux soldat apporte une lettre à une jeune dame, qui en prend lecture en présence d'un page et de sa femme de chambre, à laquelle elle fait remarquer un passage.

Aq. — Fig. — 9 = 8.

238. *Le Hussard.*

Un hussard français, égaré dans un site de l'Espagne, demande sa route à un villageois appuyé contre un mur d'appui, les bras croisés et fumant un cigarre. Deux religieux sortent d'un monastère. Une petite fille joue sur l'herbe.

Aq. — Fig. — 4 — 6 = 6 — 3,

239. *Les Recrues.*

Des recrues arrivées au régiment sont examinées sur une pelouse par un officier instructeur.

Aq. — Fig. — 5 = 6 — 4.

240. *Le Cuirassier.*

Il demande son chemin à une bonne femme accompagnée d'un enfant, et qui le lui indique. Plus loin, un paysan rassemble des échalas.

Aq. — Fig. — 5 = 6 — 4.

M. LE POITTEVIN.

241. *Chasse aux Moineaux.*

Deux chasseurs retranchés derrière un mur d'appui, par un temps de brume , tirent leur poudre aux moineaux.

Dess. — Fig. — 4 — 4 = 5 — 9.

M. LESAINT.

242. *Intérieur d'Eglise.*

Intérieur d'une église de village durant un jour ouvrable. Deux femmes seules y sont en prières. L'une sur un grand banc en boiserie qui ne laisse voir que sa tête ; l'autre est agenouillée au milieu de la galerie latérale.

Tab. — Arch. — T. — 8 = 6.

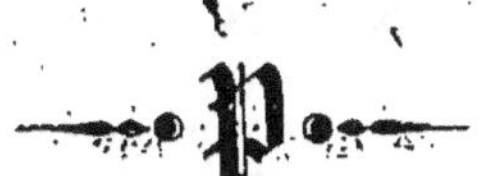

M. PERNOT.

243. *Petit Ermitage.*

Au milieu d'une clairière s'élève un petit ermitage en bois , dont les deux solitaires en promenade s'entretiennent avec un paysan.

Sep. — Pay. — 6 — 3 = 8 — 4.

244. *Ermitage des Vosges.*

Petit ermitage construit en forme de chalet , sur le bord

(24)

d'un lac et dans un site des Vosges. Quelques figures ornent le premier plan.

Sep. — Pay. — 6. = 8. — 3.

245. *Moulin de St.-Dizier.*

Vue d'un moulin à eau près de l'ancien château de St.-Dizier dans le département de la Haute-Marne. Des paysans s'y sont arrêtés au tournant d'un chemin.

Sep. — Pay. — 7 — 6 = 9 — 9.

246. *Vallé de Kanderstaëg.*

Une habitation suisse dans la vallée de Kanderstaëg, canton de Berne.

Sep. — Pay. — 7 — 6. = 10.

247. *Montée des sapins.*

Vue d'un hameau suisse dominé par une montée sablonneuse, plantée de sapins. Quelques villageois et voyageurs parcourent le site ou s'y reposent. De hautes montagnes couvertes de neige voilent l'horizon nébuleux.

Sep. — Pay. — 7 — 9 — 6.

248. *Temple écossais.*

Vue des ruines d'une église gothique prise dans une solitude des montagnes d'Écosse. Les eaux d'un lac entouré d'arbustes, passent sous un pont de trois arches et vont baigner le pied du vieux monument.

Sep. — Pay. — 7 — 8 = 9 — 8.

M. PERROT.

249. *Mer calme.*

Marine où voguent quelques bâtimens, entr'autres un sous pavillon rouge abordant le premier plan sur une mer tranquille et par un temps calme.

Aq. — Mar. — 5 — 6 = 8 — 5.

M. PIGAL.

250. *L'Ivrogne.*

Un viel ivrogne est dérangé de ses plaisirs bachiques par sa douce moitié qui vient lui faire une scène dans le jardin d'un bouchon.

Aq. — Fig. — 8 — 9 = 6 — 9.

— • R • —

M. RENOUX.

251. *Une procession.*

Les moines d'un couvent réunis, bannière en tête et chantant de pieux cantiques, sortent d'une galerie de leur retraite pour entrer dans leur cimetière. Des villageois s'agenouillent sur leur passage.

Tab. — Arch. et Fig. — T. — 12 = 15.

252. *Le Puits gothique.*

Quatre jeunes filles qui se rencontrent à un puits d'une construction gothique, y tiennent conversation, l'une d'elles a pris la corde pour tirer de l'eau. Cette scène se passe à l'entrée d'un bois sur un terrain pierreux baigné par une mare.

$$Aq. - Pay. - 6 - 6 = 5.$$

253. *Le Rendez-vous.*

A l'entrée d'une ruine donnant sur la campagne, un jeune couple s'est assis aux premiers rayons du soleil sur la première marche d'un escalier de pierre où il s'est donné rendez-vous pour y parler d'amour.

$$Aq. - Arch. - 4 - 9 = 3 - 6.$$

254. *Le Vestibule.*

Vestibule d'un vieux monastère où un religieux assis fait une lecture. On aperçoit au fond, dans une autre salle à peine éclairée, un cénotaphe en ruines.

$$Aq. - Arch. - 3 - 7 = 4 - 9.$$

255. *Le Chant Villageois.*

Non loin d'une ruine gothique et à l'ombrage de quelques arbres, une réunion de villageois assis et debout écoute une romance que chante une paysanne accompagnée sur la man-doline par une de sés amies.

$$Aq. - Fig. et Pay. - 8 - 8 = 6 - 4.$$

256. *Le Vieux Couvent.*

Un seigneur visite les restes d'un couvent ; il est accompagné d'un moine qui lui explique la chronique du lieu.

$$Aq. - Arch. - 6 = 4 - 6.$$

257. — *L'Exhortation.*

Site pittoresque au milieu duquel un religieux debout sur un rocher exhorte une foule de villageois réunis autour de lui, et qui écoutent en silence le sermon qu'il prononce.

Aq. — Pay. et Fig. — 8 — 9 = 6 — 3.

258. *Le Sarcophage.*

Intérieur d'une galerie gothique éclairée par le haut. Un religieux s'y entretient avec un chevalier non loin d'un sarcophage antique qu'on aperçoit au fond.

Aq. — Arch. — 6 — 6 = 5.

259. *Vitraux en ruines.*

Issue d'une galerie gothique sur la campagne; des restes de vitraux en ruines existent encore. Deux personnages portant le costume du temps chevaleresque s'y rencontrent et s'y parlent.

Aq. — Arch. — 4 — 9 = 3 — 6.

260. *La Fausse Porte.*

Elle ferme l'entrée d'un bourg dont on aperçoit la rue principal où se sont arrêtées deux personnes.

Aq. — Arch. — 4 — 8 = 3 — 8.

261. *Le Page.*

Salle basse d'un château gothique conduisant à une terrasse donnant sur des jardins. Un page adresse la parole à une jeune fille assise sur les marches d'un escalier.

Aq. — Arch. et Fig. — 6 = 4 — 5.

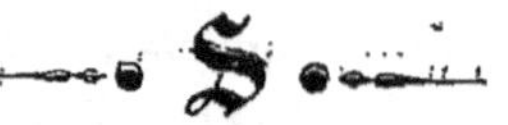

M. SIMÉON FORT.

262. *Le Hameau des bois.*

Issue de bois sur les murs d'un hameau d'où l'on découvre une grande étendue de pays plat ; un paysan sort d'un chemin forestier pour regagner son habitation.

$$Aq. - Pay. - 8 - 6, = 11 - 9.$$

263. *Torrent Forestier.*

Vue d'un torrent au milieu d'une épaisse forêt, un bucheron s'en approche.

$$Aq. - Pay. - 11 = 8 - 9.$$

264. *Une Cour de ferme.*

Vue intérieure d'une grande cour de ferme prise aux environs de Sèvres près Paris, où se trouvent réunis divers accessoires rustiques, tels qu'une charette démontée, une échelle, des troncs d'arbres et un hangard couvert en chaume. Un paysan y fait visiter un cheval de fatigue.

$$Aq. - Pay. - 8 - 2 = 10 - 6.$$

265. *Les Deux Monticules.*

Une charette couverte parcourt un chemin sablonneux pratiqué entre deux monticules chargés d'habitations champêtres. Deux paysans conversent sur l'herbe.

$$Aq. - Pay. - 6 - 2 = 7 - 11.$$

(29)

266. *La Rivière.*

Une petite rivière qui borde les premiers plans, baigne le pied d'une habitation rurale batie sur le bord d'une plaine immense. Un grand arbre lui porte ombrage. Une voiture couverte s'achemine au loin à travers champs. Un pêcheur et deux blanchisseuses sont au bord de la rivière.

Aq. — Pay. — 7 — 6 = 10 — 6.

M. VERNET. (Horace)

267. *Episode d'une Bataille.*

Un hussard qui vient d'avoir son cheval tué sous lui décharge sa carabine sur un parti de cosaques qui fuient au loin dans une plaine (*Episode de la campagne de Russie.*)

Sep. — Fig. — 4 — 6 = 6.

M. WATELET.

268. *Le Moulin de la plaine.*

Moulin à eau à l'entrée d'un village. Il est alimenté par une rivière qui baigne les bords d'une grande plaine. Non loin d'un massif d'arbres un paysan et sa femme remuent des pièces de bois. Effet de soleil couchant.

Aq. — Pay. — 6 = 8.

269. *Moulin forestier.*

Intérieur d'une épaisse forêt baignée par une petite rivière qui fait tourner la roue d'un moulin isolé au milieu d'un bois. Un paysan, assis au pied d'un arbre, joue avec un chien.

Aq. — Pay. — 7 = 9.

270. *Le Petit Pont.*

Une rivière poursuit son cours entre les bâtimens d'une ferme et l'étendue d'une grande prairie. Un pont de bois sert de communication d'une rive à l'autre, quelques figures de villageois occupent deux points différents.

Aq. — Pay. — 6 — 5, = 8 — 5.

FIN.